BEI GRIN MACHT SICH I. WISSEN BEZAHLT

Markus Dreßler

S/T-Systeme (Petri-Netze mit anonymen Marken)

GRIN Verlag

Bibliografische Information der Deutschen Nationalbibliothek:

Die Deutsche Bibliothek verzeichnet diese Publikation in der Deutschen National-
bibliografie; detaillierte bibliografische Daten sind im Internet über http://dnb.d-
nb.de/ abrufbar.

Impressum:

Copyright © 2005 GRIN Verlag GmbH
Druck und Bindung: Books on Demand GmbH, Norderstedt Germany
ISBN: 978-3-638-67691-5

Dieses Buch bei GRIN:

http://www.grin.com/de/e-book/37505/s-t-systeme-petri-netze-mit-anonymen-
marken

Thema:

Petri-Netze: S/T-Systeme
(Petri-Netze mit anonymen Marken)

Ausarbeitung
im Rahmen des Seminars zur Entscheidungslehre:
Informationsmodellierung (März 2005)

am Lehrstuhl für quantitative Methoden der Wirtschaftsinformatik

vorgelegt von: Markus Dreßler

Abgabetermin: 24. Januar 2005

Inhaltsverzeichnis

Abbildungsverzeichnis

Übersicht der Definitionen

1   Einleitung

Petri-Netze sind, wie einst von Peter Stahlknecht als ironischer Hinweis auf ihren Verbreitungs- und Bekanntheitsgrad bemerkt, keine Instrumente zum Fische fangen. Vielmehr handelt es sich bei Petri-Netzen um eine der seltenen deutschen Beiträge zur theoretischen Informatik, die weltweit und auch in der US-amerikanischen Fachöffentlichkeit wahrgenommen wurden [vgl. ROS91, S. 1].

Petri-Netze gehören zu den wenigen wissen-schaftlichen Schulen, die auch im heutigen Zeitalter nach dem Namen ihres Begründers benannt wurden. Der Erste, der sich systematisch mit dieser Art von Graphen auseinandergesetzt hat, war Carl Adam Petri in seiner 1962 erschienenen Dissertation mit dem Titel „Kommunikation mit Automaten" [vgl. PRI03, S. V].

Abb. 1: Prof. Petri (*1926) bei Verleihung des „Orden des niederländischen Löwen" 2003.

Während der praktische Nutzen von Petri-Netzen für Anwender noch immer weithin unbekannt ist [vgl. SCH02, S. 8], haben Petri-Netze in der akademischen Welt bereits eine weite Verbreitung und Beachtung erfahren. 2004 fand bereits zum 25. Mal die „International Conference on Application and Theory of Petri Nets"[1] statt, eine Fachgruppe der deutschen „Gesellschaft für Informatik" beschäftigt sich mit Petri-Netzen[2] und neben vielen anderen hat auch Konrad Zuse ein Buch über Petri-Netze geschrieben[3].

Da es sich bei dieser Ausarbeitung um die erste in einer Sequenz von sechsen zum Thema Petri-Netze handelt, wird im zweiten Kapitel besonderer Wert darauf gelegt, einen Überblick über die allgemeinen Eigenschaften und Arten von Petri-Netzen und deren Grundbegriffe zu geben. Das dritte Kapitel beschäftigt sich tiefer gehenden zum einen mit ausgewählten statischen Struktureigenschaften und Transformationen von Petri-Netzen. Zum Anderen wird dort auch eine Einführung in die dynamischen, also im Zeitablauf auftretenden Zustands-

---

[1] http://www.cs.unibo.it/atpn2004/ (Stand: 05.01.2005)
[2] http://www.informatik.uni-hamburg.de/TGI/GI-Fachgruppe0.0.1/index.html (Stand: 05.01.2005)
[3] Zuse, K.: „Petri-Netze aus der Sicht des Ingenieurs", Vieweg-Verlag, 1982

veränderungen und deren Darstellungsmöglichkeiten gegeben. Sofern von Bedeutung, finden sich auch Hinweise auf die Bedeutung für den Entwurf und die Anwendung von Petri-Netzen. Um einen größeren Zusammenhang herzustellen, wird an entsprechenden Stellen dieser Arbeit kurz auf die weiteren Ausarbeitungen zum Thema Petri-Netze verwiesen.

2 Petri-Netze: Einordnung und Überblick

2.1 Definitionen und Varianten

Petri-Netze stellen ein geeignetes Mittel dar, um den zeitlichen Ablauf eines Systems und dessen Zustandsänderungen graphisch zu repräsentieren und erfüllen daher die gleiche Funktion wie Zustandsgraphen [vgl. SCH02, S. 11].

Definition 1: Petri-Netze (informell):

Petri-Netze lassen sich informell zweckmäßig definieren als ein Modellierungswerkzeug, mit dessen Hilfe man reale oder logische Systeme beschreiben kann, bei denen bestimmte Objekte durch Ereignisse verbraucht und erzeugt werden [vgl. BB96, S. 15-17].

Von Petri-Netzen existieren drei verschiedene Varianten [vgl. BE03, S. 116-119]:

- *Bedingungs/Ereignis-Netze (B/E-Netze)* zeichnen sich dadurch aus, dass jedes modellierte Ereignis nur unter 1 bis n Bedingungen eintritt, die jeweils entweder erfüllt sind oder nicht [vgl. BB96, S. 111-115].

- *Stellen/Transitions-Netze (S/T-Netze)* besitzen die gleichen Elemente wie B/E-Netze. Bedingungen für Ereignisse haben nun nicht nur den Status „erfüllt" oder „nicht erfüllt", sondern werden durch eine quantifizierbare Menge von nicht unterscheidbaren Objekten, genannt „Marken", charakterisiert. Graphisch werden Marken oft als kleine, schwarze Punkte dargestellt. „Erfüllt" ist eine Bedingung erst dann, wenn ein bestimmter Grenzwert von Marken erreicht ist.

- *Prädikat/Transitions-Netze (Pr/T-Netze)* unterscheiden sich von S/T-Netzen insofern, als dass die Marken, die gemeinsam eine Bedingung für ein Ereignis darstellen, nun auch individuell verschieden, also unterscheidbar sein können[4].

Es ist möglich, die einzelnen Varianten in einander zu überführen. So kann beispielsweise ein S/T-Netz in ein B/E-Netz überführt werden [vgl. BB96, S. 114-115]. Diese Arbeit beschäftigt sich ausschließlich mit S/T-Netzen bzw. S/T-Systemen. S/T-Systeme bestehen zum einen aus einem Petri-Netz.

Definition 2: Petri-Netz (formell):
Ein Petri-Netz oder Netzgraph ist formell durch das Tripel (S, T, F) definiert [vgl. BB96, S. 50; BE03, S. 115].

S steht hierbei für die Menge aller objektaufnehmenden Behälter, genannt „Stellen" oder „Plätze", T für die Menge aller Ereignisse, genannt „Transitionen" und F für die Menge aller existierenden Verbindungen zwischen Stellen und Transitionen, genannt „Kanten" [vgl. BB96, S. 50; SCH02, S. 15-16] (Abb. 2, siehe auch Abb. 5).

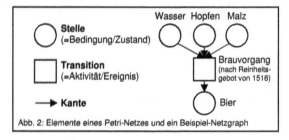

Abb. 2: Elemente eines Petri-Netzes und ein Beispiel-Netzgraph

Definition 3: S/T-System:
Ein S/T-System wird formell durch das 6-Tupel (S, T, F, K, W, M0) beschrieben [vgl. BB96, S. 79-80].

Gemeinsam mit einer Menge von Kapazitäten der objektaufnehmenden Stellen K, einer Menge von Kantengewichten W und einer Anfangs-Ausstattung mit

---

[4] siehe Ausarbeitung „Petri-Netze mit individuellen Marken"

Objekten, genannt „Markierung" M0 bildet ein Petri-Netz ein S/T-System (Abb. 3). Die Kantengewichte geben dabei an, wie viele Objekte von einer Stelle zu einer Transition oder von einer solchen wieder zu einer Stelle wandern, wenn dieses eintritt.

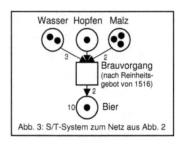

Abb. 3: S/T-System zum Netz aus Abb. 2

Prinzipiell handelt es sich den Stellen-, Transitions- und Kantenmengen S, T und F um die statischen Elemente der Petri-Netz-Theorie. Marken und Markierungen hingegen drücken die Dynamik, also den zeitlichen Ablauf und die Zustände der abzubildenden Systeme und Prozesse aus [vgl. ROS91, S. 7, 15]. Einzelne Elemente von Definition 3 und deren Zusammenhänge werden in den Kapiteln 2.4 und 3 näher betrachtet. Im Folgenden ist, analog zur Literatur, der Begriff „Petri-Netz" entweder immer mit einem S/T-System gleichzusetzen oder es ist das einem S/T-System zugrundeliegende Netz gemeint [vgl. BB96, S. 49].

2.2 Einordnung von Petri-Netzen in die Graphentheorie

Petri-Netze gehören in das Gebiet der Graphen-Theorie [vgl. SCH02, S. 113]. Ein Graph ist eine Menge von Knoten, die mit einander durch Kanten verbunden sind [vgl. SCH02, S. 12]. Bei Petri-Netzen bilden die Menge der Stellen und der Transitionen zusammen die Menge der Knoten, von denen wiederum je zwei durch eine Kante verbunden sein können. Ein Petri-Netz ist daher ein Graph [vgl. SCH02, S. 15]. Petri-Netze werden, wie Graphen auch, aus Übersichtlichkeits-gründen für gewöhnlich graphisch dargestellt. Andere Darstellungsformen sind jedoch denkbar, so können alle Mengen einfach aufgezählt werden [vgl. BB96, S. 80] oder die Kanten und deren Gewichtungen in einer Matrix aufgelistet werden[5] [vgl. BB96, S. 90].

---

[5] siehe Kapitel 3.3 und Anhang B

Definition 4: Bipartiter, gerichteter Graph:

Ein bipartiter, gerichteter Graph ist ein Graph, dessen Kanten gerichtet sind und dessen Knoten so in zwei disjunkte Teilmengen V_1 und V_2 zerlegt werden kann, dass alle Kanten einen Knoten aus V_1 und einen aus V_2 verbindet [vgl. BB96, S. 42].

Ein Petri-Netz ist ein gerichteter Graph (engl. Abkürzung „Digraph" [vgl. SCH02, S. 13]). Dieses bedeutet, dass alle enthaltenden Kanten gerichtet sind und die Beziehung zwischen zwei Knoten nur in einer Richtung gültig ist. Graphisch wird dieses mit einem Pfeil an einem Kantenende dargestellt. Gerichtete Graphen sind daher im Wesentlichen Relationen, da sie eine Beziehung zwischen Elementen mehrerer Mengen sichtbar machen [BB96, S. 42].

Petri-Netze sind darüber hinaus bipartit, d.h. ihre Knotenmenge wird immer auf eine Weise in zwei disjunkte Teilmengen, S für Stellen und T für Transitionen zerlegt, dass eine Kante je einen Knoten aus S mit einem aus T verbindet [vgl. BB96, S. 42; SCH02, S. 12-13]. Eine Kante kann daher niemals zwei Stellen oder zwei Transitionen verbinden, sondern nur genau eine Stelle und eine Transition.

Im Unterschied zu allgemeinen Zustandsgraphen besitzen Petri-Netze Markierungen, die angeben, in welchem Zustand sich das Gesamtsystem momentan befindet. Die Markierungen können sich im Zeitverlauf verändern und machen Petri-Netze so zu einem aussagekräftigeren Instrument als Zustandsgraphen [vgl. SCH02, S. 11]. Somit stellen Petri-Netze teilweise eine Alternative zu Zustandsgraphen dar. Zu Petri-Netzen lassen sich spezielle Zustandsgraphen bilden, deren Knoten mögliche Markierungen des Petri-Netzes, also Zustände, im Zeitverlauf repräsentieren. Da in Petri-Netzen die Übergänge zwischen Zuständen mit Transitionen erfolgen, wird jede Transition zu einer Kante im dazugehörigen Zustandsgraph. Zustandsgraphen von Petri-Netzen werden Erreichbarkeitsgraphen genannt und können im Allgemeinen nicht so kompakt dargestellt werden wie das dazugehörige Petri-Netz[6] [vgl. SCH02, S. 70-75; BB96, S. 88]. Es besteht eine Verwandtschaft zwischen Petri-Netzen und den in der Praxis häufig eingesetzten

---

[6] siehe Anhang A

CPM (critical path method)-Netzen [vgl. SCH02, S. 11]. Beide können einen Weg von einem Ausgangs- zu einem Zielzustand darstellen. Lässt man eine zeitliche Verzögerung der Transitionen in Petri-Netzen zu[7] [vgl. SCH02, S. 19], so ist es möglich, ein CPM-Netz in ein Petri-Netz zu überführen.

2.3 Anwendungsgebiete von Petri-Netzen

Petri-Netze sind ein Mittel, um reale Systeme in ein formales Modell zu überführen oder um aus einem Modell heraus Erkenntnisse über das untersuchte System zu gewinnen. Hintergrund einer Modellierung kann daher sowohl ein Dokumentationszweck als auch ein Analysezweck sein [vgl. BB96, S. 12]. Darüber hinaus bringen Modelle einen Nutzen hinsichtlich Entwurf und Test des untersuchten Systems und abstrahieren zu diesem Zweck immer in angemessener Weise von der Realität [vgl. BB96, S. 22-25].

Das modellierte System kann dabei bei Petri-Netzen nicht nur praktisch, sondern auch theoretisch orientiert sein. Jedoch können nur diskrete Systeme mit Petri-Netzen beschrieben werden. Diskret bedeutet, dass die Objekte und Ereignisse in einem System wohlunterscheidbar sind [vgl. BB96, S. 15]. Dies ist z.B. bei einer Fließbandfertigung von Autos aus Einzelteilen einfach möglich, aber schwer z.B. beim Abernten eines Feldes oder der konstanten Verarbeitung von Schüttgut. Ein praxisorientiertes Einsatzgebiet von Petri-Netzen ist z.B. der Transport, bei dem reale Güter oder Nachrichten transportiert werden [vgl. SCH02, S. 31, 62-63].

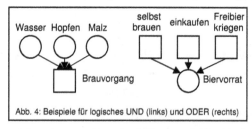

Abb. 4: Beispiele für logisches UND (links) und ODER (rechts)

Daher lassen sich auch ganze Kommunikationsprotokolle, d.h. Regeln für den Nachrichtentransport, mit Petri-Netzen darstellen[8]. Weitere praktische Einsatz-

---

[7] siehe Kapitel 2.4.2
[8] siehe Ausarbeitung „Kommunikationsprotokolle und Petri-Netze"

möglichkeiten umfassen Geschäftsvorgänge, Organisationsstrukturen und die Bedienung von Automaten [vgl. BB96, S. 5, 12, 15]. Auf der anderen Seite lassen sich Petri-Netze auch auf dem Gebiet der Logik einsetzen [vgl. BB96, S. 12]. Mit Petri-Netzen lassen sich einfache logische Ausdrücke darstellen (Abb. 4). So entsprechen die Bedingungen, die zum Eintreten eines Ereignisses alle erfüllt sein müssen, einem logischen „UND". Zwei oder mehr Ereignisse, die dafür sorgen können, dass eine nachfolgende Bedingung erfüllt wird, entsprechen hingegen dem logischen „ODER" [vgl. SCH02, S. 19]. Neben logischen Ausdrücken ist in Petri-Netzen zudem ein eingeschränktes, arithmetisches Rechnen möglich. Ganzzahlige Werte lassen sich addieren, was die Grundlage für höhere Rechenarten darstellt. Ebenfalls möglich ist es, einfache Zählwerke zu modellieren [vgl. SCH02, S. 24-25], worauf an dieser Stelle aber nicht näher eingegangen wird.

Die breite Anwendbarkeit von Petri-Netzen ergibt sich zum erheblichen Teil auch aus den vielfältigen Interpretationsmöglichkeiten für die Marken. Diese in S/T-Systemen nicht unterscheidbaren Objekt-Repräsentanten können z.B. konkrete Gegenstände wie Bauteile darstellen. Auf diese Weise lassen sich ganze industrielle Fertigungsprozesse, bei denen aus Einzelteilen ein Fertigprodukt hergestellt wird, mit Petri-Netzen modellieren [vgl. BB96, S. 78; SCH02, S. 105]. Andererseits können Marken für abstrakte Objekte stehen und so beispielsweise darstellen, dass eine Ressource momentan nicht genutzt wird [vgl. SCH02, S. 47, 87]. Solche Ressourcen können z.B. die Gabeln des in der Informatik weithin bekannten „Problems der fünf speisenden Philosophen" sein [vgl. BB96, S. 64; SCH02, S. 90; DES98, S. 90]. Mit Petri-Netzen ist es zudem leicht möglich, das Hinzufügen oder das Wegnehmen eines Objektes aus einem Bestand zu modellieren [vgl. SCH02, S. 50]. Auf diesen Grundelementen aufbauend lassen sich z.B. Lagersysteme auf verschiedene Arten beschreiben [vgl. SCH02, S. 96-99; ROS91, S. 10-11]. Als letztes Beispiel sei die Möglichkeit zur Modellierung von Ampelanlagen genannt. Diese besitzen zeitlich wechselnde Zustände und klar unterscheidbare Phasen und sind daher schon aufgrund ihrer Natur gut mit Petri-Netzen modellierbar [vgl. SCH02, S. 92-94].

Insgesamt lässt sich sagen, dass es sich bei Petri-Netzen um eine der leistungsfähigsten Methoden zur bildlichen Darstellung dynamischer Vorgänge handelt. Die Betrachtungsebene ist nicht zu abstrakt und es ist möglich, ein eingebettetes, d.h. ein in einem größeren Zusammenhang existierendes System unabhängig von der zu Grunde liegenden Technologie zu untersuchen [vgl. SCH02, S. 8]. Es können auch komplexe Szenarien modelliert werden und für die Anwendungsgebiete gibt es kaum erkennbare Begrenzungen [vgl. SCH02, S. 87].

2.4 Elemente, Begriffe und Zusammenhänge in S/T-Systemen

2.4.1 Graphische Strukturelemente und deren Bedeutung

Die grundlegenden Elemente eines Petri-Netz-Graphen sind Transitionen, die Ereignisse oder Aktivitäten repräsentieren sowie Stellen, die Zustände und Bedingungen für Zustandsübergänge repräsentieren[9] [vgl. BB96, S. 50]. Eine Stelle kann dabei als eine Klasse von Objekten betrachtet werden. Bedingungen in

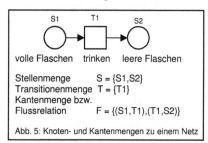

Abb. 5: Knoten- und Kantenmengen zu einem Netz

Petri-Netzen sind dann erfüllt, wenn eine Stelle eine gewisse Anzahl Marken, die für Objekte stehen, enthält. Welche Bedingungen für welche Ereignisse nötig sind und welche Folgezustände aus Ereignissen resultieren, wird mit Hilfe von Kanten festgelegt. Die Menge aller Kanten ist eine Relation zwischen Transitionen und Stellen [vgl. BB96, S. 50] (Abb. 5). Die Menge aller Knoten, von denen Kanten zu einem bestimmten Knoten a hinführen, wird „Vorbereich von a" genannt. Analog gehören alle Knoten, die durch von a wegführende Kanten erreicht werden können, zum „Nachbereich von a" [vgl. BB96, S. 51].

---

[9] siehe Kapitel 2.1

Definition 5: Kantengewichtung und Stellenkapazität:
Die Kantengewichtung einer Kante mit einer Zahl n ersetzt n parallele
Kanten ohne Gewichtung. Die Stellenkapazität bezeichnet das maximale
Fassungsvermögen einer Stelle an Marken [vgl. BB96, S. 77-80].

Es kann mehr als ein Objekt aus einem Ereignis hervorgehen oder mehr als ein
Objekt nötig sein, damit eine Bedingung erfüllt ist. In diesem Fall werden die
entsprechenden Kanten mit einer natürlichen Zahl n gewichtet, um anzuzeigen,
wie viele Objekte jeweils an einer Kante benötigt bzw. erzeugt werden [vgl.
BB96, S. 17]. Eine solche „Kantengewichtung" von n ist graphisch äquivalent mit
dem Zeichnen von n parallelen Kanten ohne Gewichtung [vgl. SCH02, S. 18]. Die
Anzahl der ein- und ausgehenden Kanten wird „Grad" eines Knotens genannt
[vgl. SCH02, S. 13].

Auch Stellen können mit einer natürlichen Zahl k versehen werden, welche dann
eine beschränkte Kapazität der jeweiligen Stelle symbolisiert. Die Stelle kann
niemals mehr als k Marken enthalten. Ein Beispiel hierfür ist, dass ein Behälter
nur ein Fassungsvermögen von 1000 Objekten wie z.B. Schrauben oder Litern hat
[vgl. BB96, S. 78]. Die Gesamtheit der Marken über alle Stellen heißt
„Markierung". Jede Markierung ist stellvertretend für einen Zustand des Systems.
Sie stellt jeweils die Verteilung des Objektbestandes dar und ändert sich daher mit
jedem Arbeitsschritt, also jedem Eintreten eines Ereignisses [vgl. BB96, S. 15,
77]. Kantengewichtungen, Stellenkapazitäten und Markierungen sind das
trennende Merkmal zwischen Netzgraph und S/T-System: Fügt man sie einem
Netzgraphen hinzu, erhält man ein S/T-System (vgl. Abb. 2 und Abb. 3). Um
umgekehrt den Netzgraphen eines S/T-Systems zu erhalten, betrachtet man alle
Kapazitäten als unbegrenzt, alle Gewichtungen als 1 und entfernt die
Markierung[10] [vgl. BB96, S. 80].

Als „Rand" bezeichnet mal alle Knoten, die entweder nur eine eingehende oder
nur eine ausgehende Kante haben. Der Rand kann Stellen und Transitionen
beinhalten. Mit Hilfe des Randes unterscheidet man auch Netze und Teilnetze.

---

[10] siehe Kapitel 2.1

Ein Netz N' ist genau dann ein Teilnetz des Netzes N, wenn die Knotenmenge von N' eine Teilmenge der Knotenmenge von N darstellt und alle Knoten, die im Originalnetz durch Kanten verbunden waren, noch immer verbunden sind [vgl. BB96, S. 52].

2.4.2 Grundbegriffe der Schaltdynamik

Transitionen lösen Zustandsänderungen aus. Dieser Vorgang wird auch „schalten" genannt [vgl. BB96, S. 81]. Beim Schalten fließen die Marken, also die Objekte, nicht durch das Petri-Netz, sondern werden jeweils verbraucht und neu erzeugt [vgl. BB96, S. 77-79] (Abb. 6). Mit jedem Schaltvorgang wird eine neue, andere Markierung erreicht, die einen neuen Systemzustand repräsentiert. Eine Transition

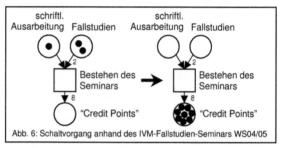

Abb. 6: Schaltvorgang anhand des IVM-Fallstudien-Seminars WS04/05

schaltet nur dann, wenn sie zuvor „aktiviert" war. Dies ist genau dann der Fall, wenn alle Bedingungen erfüllt sind, also alle Stellen, die einer Transition vorausgehen, ausreichend viele Marken enthalten (Abb. 6). Zusätzlich muss in allen Stellen, die einer Transition nachfolgen, noch genügend Kapazität vorhanden sein, um alle von ihr produzierten Marken aufzunehmen [vgl. BB96, S. 81, ROS91, S. 24].

Definition 6: Aktiviertheit:

Eine Transition ist aktiviert, wenn ihre Eingangsstellen genug Marken und ihre Ausgangsstellen genug freie Kapazität gemäß den Kantengewichten besitzen [vgl. BB96, S. 81].

Man kann ergänzend dazu eine Transition als weiterhin aktiviert ansehen, wenn eine benötigte Marke nur für eine „verschwindend kurze Zeit" von einer anderen

Transition „ausgeliehen" und gleich wieder zurückgeschrieben wird [vgl. SCH02, S. 17-18].

Definition 7: Schaltung:

Eine Transition schaltet, indem ihre Eingangsstellen gemäß den Kantengewichten Marken verlieren und ihre Ausgangsstellen Marken hinzugewinnen [vgl. BB96, S. 81].

Die Schaltung läuft nach der folgenden, bereits kurz beschriebenen Schaltregel ab: Die neue Markierung ergibt sich aus der alten, wobei jeder Stelle im Vorbereich der schaltenden Transition Marken in Höhe der Kantengewichtung abgezogen werden. Jede Stelle im Nachbereich gewinnt Marken in Höhe der Kanten-gewichtung hinzu (Abb. 6). Alle Stellen, die keine Kanten zur schaltenden Transitionen besitzen, bleiben dabei unberührt. In Abb. 6 benötigt man für das durch die Transition dargestellte Bestehen eines Seminars genau eine schriftliche Ausarbeitung und genau 2 Fallstudien. Das Schalten, also Bestehen, hat zur Folge, dass genau 8 Credit Points in der Nachbereichs-Stelle erzeugt werden. Können mehrere Transitionen in Folge schalten, so nennt man diese Folge, mit denen man von einer Ausgangs- zu einer End-Markierung gelangt, eine „Schaltfolge"[11]. Alle in der Schaltfolge aufgeführten Transitionen sind sukzessive aktiviert [vgl. BB96, S. 84].

Zusätzlich zu den oben beschriebenen Strukturelementen ist es möglich, auch Transitionen, also Aktivitäten oder Ereignisse mit einer Zahlmarkierung zu versehen. Diese steht dann für eine Zeitspanne, die vergeht, bis dieses Ereignis eintritt bzw. für die Dauer einer Aktivität und wird „Schaltverzögerung" genannt [vgl. SCH02, S. 17]. Des Weiteren kann eine besondere Art Kante mit einer geänderten Bedeutung von Stellen verwendet werden. Ist bei einer solchen Kante die angrenzende Stelle mit ausreichend Marken versehen, so stellt diese keine erfüllte Bedingung für ein Ereignis dar, sondern verhindert, dass dieses eintritt. Die Transition schaltet also nicht. Demzufolge heißen diese Kanten „Sperrkanten" [vgl. SCH02, S. 21-23] (Abb. 7). Sperrkanten sind ein ergänzendes Struktur-

---

[11] weitergehende Ausführungen zu Schaltfolgen und Erreichbarkeit in Kapitel 3.3 und Anhang A

element. Angewendet werden können sie z.B. als eine alternative Darstellungsform für Stellen-Kapazitäts-beschränkungen [vgl. SCH02, S. 79-80], als eine Möglichkeit, bei Unterschreiten eines Meldebestandes eine Aktion auszulösen [vgl. SCH02, S. 50] oder als alternative Möglichkeit, Schaltverzögerungen zu modellieren [vgl. SCH02, S. 83]. Oft ist es möglich,

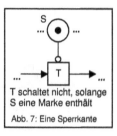

ein äquivalentes Netz ohne Sperrkanten zu modellieren [vgl. SCH02, S. 58]. Da sie außerdem nicht einheitlich in der Literatur verwendet werden, werden sie hier im Folgenden nicht weiter betrachtet.

2.4.3 Nebenläufigkeit und Nichtdeterminismus

Zwei Begriffe von besonderer Bedeutung in Petri-Netzen sind „Nebenläufigkeit" und „Nichtdeterminismus". Von Nebenläufigkeit spricht man, wenn mehrere Transitionen $t_1..t_n$ unabhängig von einander schalten können (Abb. 8 rechts). Es gibt keine vorgegebene Reihenfolge und keine Transition beeinträchtigt die Schaltfähigkeit einer anderen [vgl. BB96, S. 94]. Nebenläufigkeit wird daher mit Hilfe von Schaltfolgen definiert:

Definition 8: Nebenläufigkeit:
Transitionen sind genau dann nebenläufig, wenn sie, in jeder beliebigen zeitlichen Abfolge angeordnet, immer eine gültige Schaltfolge ergeben [vgl. BB96, S. 95].

Prinzipiell müsste man daher alle Permutationen der zu untersuchenden Transitionenmenge daraufhin testen, ob sie eine Schaltfolge darstellen. Die Anzahl der benötigten Tests kann jedoch reduziert werden, indem man die Quadrat- und die sich daraus ergebende Würfelschließungseigenschaft[12] ausnutzt [vgl. BB96, S. 96-97]. Die Bedeutung von Nebenläufigkeit resultiert aus der Tatsache, dass nebenläufige Prozesse in der Praxis häufig anzutreffen sind. So kann z.B. eine Nachrichten-Instanz sowohl auf Papier als auch elektronisch

---

[12] diese Eigenschaften besagen, dass man einen Zustand im Erreichbarkeitsgraph auf verschiedene Wege erreichen kann (siehe Ausarbeitung „Dynamische Eigenschaften von S/T-Systemen")

kopiert werden und an zwei weiterverarbeitende Stellen gleichzeitig ausgeliefert werden [vgl. SCH02, S. 50].

Von Nichtdeterminismus spricht man immer dann, wenn es mehrere Möglichkeiten dafür gibt, welche Transition als nächstes schalten wird (Abb. 8). Der Grund für einen solchen Fall ist häufig, dass es mehrere Verwendungs-möglichkeiten für Objekte oder Ressourcen gibt. Es ist zwar beobachtbar, auf welchem Weg diese Objekte verarbeitet oder genutzt werden, doch dieser Weg ist nicht durch das S/T-System bestimmt.

Definition 9: Nichtdeterminismus:
Nichtdeterminismus ist eine Situation, in der mehrere Transitionen aktiviert sind und durch das S/T-System nicht vorgegeben ist, welche zeitlich als nächstes schalten wird [vgl. BB96, S. 99].

Wenn nun nicht genug Marken für alle beteiligten Transitionen vorhanden sind, führt eine nicht deterministische Situation dazu, dass nach dem Schaltvorgang eines Teils der Transitionen noch eine oder mehrere Transitionen übrig bleiben, die nicht mehr schalten können. Die Transitionen, die zuvor geschaltet haben, haben bereits alle verfügbaren Marken „weggenommen" [vgl. BB96, S. 98-99].

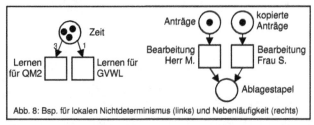

Abb. 8: Bsp. für lokalen Nichtdeterminismus (links) und Nebenläufigkeit (rechts)

Welche Transition zuerst schaltet, kann z.B. zufällig bestimmt werden, indem jede Transition eine Schaltverzögerung in Höhe einer Zufallszahl, die mit einer Wahrscheinlichkeitsdichte bestimmt wird, bekommt [vgl. SCH02, S. 16]. Nichtdeterminismus steht in einer gewissen Beziehung zur Nebenläufigkeit. Können mehrere Transitionen nebenläufig schalten, so ist ebenfalls nicht festgelegt, welche als Erstes schaltet. Dieser „globale" Nichtdeterminismus hat im Unterschied zum obigen, „lokalen" Nichtdeterminismus keine nachteiligen

Auswirkungen auf die später schaltenden Transitionen, da sie aufgrund der Nebenläufigkeits-Eigenschaft weiterhin aktiviert bleiben. Es gibt in diesem Fall genug Marken für alle Transitionen bzw. die Transitionen stehen in gar keiner „Markenkonkurrenz" zu einander [vgl. BB96, S. 100] (Abb. 8 rechts). Dementsprechend gäbe es keine nachteiligen Auswirkungen, wenn die Stelle „Zeit" in Abb. 8 statt drei vier Marken besitzen würde. Das Schalten einer Transition würde die Aktiviertheit der anderen dann nicht beeinträchtigen. Da die Transitionen bei einem lokalen Nichtdeterminismus um die Marken konkurrieren, spricht man in diesem Fall auch von einem „Konflikt"[13]. Solche Konflikte können oft beseitigt werden, indem der Nichtdeterminismus durch das Hinzufügen weiterer Petri-Netz-Elemente und somit zusätzlicher Informationen zur Entscheidung aufgelöst wird [vgl. BB96, S. 63-66, 99-100]. Ein einfaches Beispiel hierfür ist beispielsweise das Einführen einer „Markenweiche" mit zwei neuen Stellen und vier neuen Kanten. Diese sorgt für eine „faire" Verteilung der knappen Marken, indem sie jede Marke abwechselnd einer von zwei konkurrierenden Transitionen bereitstellt [vgl. SCH02, S. 44]. So wird in Abb. 9 beginnend mit B abwechselnd je ein Produkt B und ein Produkt A gefertigt.

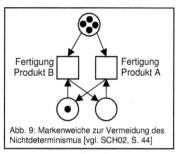

Abb. 9: Markenweiche zur Vermeidung des Nichtdeterminismus [vgl. SCH02, S. 44]

Es ist ein Vorteil von Petri-Netzen, dass die Modellierung von Nebenläufigkeit und Nichtdeterminismus ohne zusätzliche Sprachmittel möglich ist und direkt mit dem Grundelementen der Petri-Netze erfolgen kann [vgl. BB96, S. 13].

---

[13] siehe Kapitel 3.1.2

3   Wichtige Struktur- und Dynamik-Aspekte von S/T-Systemen

3.1   Struktureigenschaften von Netzen

Sowohl Teile von Petri-Netzen als auch das Gesamtnetz können verschiedene Strukturen annehmen. Einige dieser Strukturen implizieren weitere Eigenschaften. Die wichtigsten dieser Strukturen werden hier kurz vorgestellt.

3.1.1   Schlichtheit

Definition 10: Schlichtheit:

Der einem S/T-System zu Grunde liegende Netzgraph wird „schlicht" genannt, wenn es keine zwei Knoten a und b gibt, die den selben Vorbereich und den selben Nachbereich haben [vgl. BB96, S. 51].

Ein nicht schlichtes Netz, das z.B. zwei Transitionen enthält, die beide die selben Stellen leeren und die selben Stellen mit Marken befüllen, deutet häufig auf einen Modellierungsmangel hin [vgl. BB96, S. 51]. Eine vergleichbare Schlichtheitsdefinition findet sich auch für S/T-Systeme, mit dem Unterschied, dass Vor- und Nachbereiche zwar identisch sein dürfen, in diesem Fall jedoch die Kantengewichte von einander abweichen müssen [vgl. BB96, S. 88]. In B/E-Systemen wird Schlichtheit per Definition gefordert [vgl. BB96, S. 111]. Von Bedeutung ist Schlichtheit auch im Zusammenhang mit der Bildung eines Erreichbarkeitsgraphen und dem Durchführen einer Erreichbarkeitsanalyse[14] [vgl. BB96, S. 88].

3.1.2   Konflikte

Durch die Struktur können Konflikte zwischen mehreren Transitionen vorprogrammiert sein. Konflikte bedeuten immer, dass eine ursprünglich aktivierte Transition nach dem Schalten einer anderen nicht mehr aktiviert ist. Dies ist beispielsweise der Fall, wenn zwar Nichtdeterminismus vorliegt, aber keine Nebenläufigkeit[15] [vgl. BB96, S. 98].

Definition 11: Konflikt:

Ein Konflikt zwischen zwei Transitionen t_1 und t_2 liegt vor, wenn t_1 und t_2

---

[14] siehe Ausarbeitung „Erreichbarkeitsanalyse für S/T-Systeme" und Anhang A
[15] siehe Kapitel 2.4.3

beide aktiviert sind und nach dem Schalten einer Transition die jeweils andere nicht länger aktiviert ist [vgl. BB96, S. 98].

Konflikte können auf mehrere verschiedene Arten entstehen. Zum einen entstehen sie durch den oben beschriebenen Fall einer mangelnden Markenanzahl einer Stelle, die im Vorbereich mehrerer Transitionen liegt (Abb. 10 links, siehe auch Abb. 8 links). Zum anderen müssen zum Schalten einer Transition auch alle

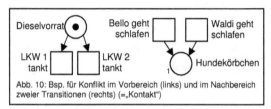

Abb. 10: Bsp. für Konflikt im Vorbereich (links) und im Nachbereich zweier Transitionen (rechts) (=„Kontakt")

Stellen ihres Nachbereichs noch genügend freie Marken- Kapazität haben [vgl. BE03, S. 119, BB96, S. 81]. Folglich ist es denkbar, dass eine Transition nur deswegen nicht schalten kann, weil eine konkurrierende durch einen früheren Schaltvorgang diese nötige Kapazität bereits belegt hat. Ein solcher Konflikt wird auch „Kontakt" genannt [vgl. BB96, S. 101-102]. Nachdem eine der beiden Transitionen in Abb. 10 rechts geschaltet hat, wäre dieser Fall gegeben, da nur für einen Hund Platz im Hunde-Körbchen ist. Schließlich kann ein Konflikt auch durch eine ursprünglich nicht am Konflikt beteiligte Transition entstehen oder aufgelöst werden. Dieser Sonderfall wird „Konfusion" genannt und verringert die Übersichtlichkeit eines Systems [vgl. BB96, S. 103-105; ROS91, S. 29-31].

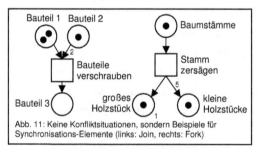

Abb. 11: Keine Konfliktsituationen, sondern Beispiele für Synchronisations-Elemente (links: Join, rechts: Fork)

Konfliktsituationen sind nicht zu verwechseln mit einer ähnlichen Situation, bei dem eine Transition ebenfalls deswegen nicht schalten kann, weil eine ihrer benötigten Stellen leer oder eine ihrer zu befüllenden Stellen voll ist. Die Transitionen in Abb. 11 können beide nicht schalten. Die dortige Situation stellt dennoch keinen Konflikt dar, da nur jeweils eine Transition beteiligt ist. Man nennt derartige Teilnetze „Fork-" bzw. „Join-Synchronisation" oder „Objekt-verschmelzung" bzw. „Objektvervielfältigung/Beginn von Parallelität" [vgl. BB96, S. 102; BE03, S. 123].

Da Konflikte in Petri-Netzen Entscheidungsprobleme darstellen, ist zur Lösung des Konfliktes ein Eingriff von „außerhalb" des Netzes nötig, sofern es keine in das Netz integrierte Entscheidungsregel gibt [vgl. ROS91, S. 25-26]. Ein Eingriff von außen ist wiederum nur möglich, wenn es ein sicheres Instrument zur Identifizierung von Konflikten gibt [vgl. ROS91, S. 83]. Eine Auflösung von Konflikten bzw. deren vollständige Vermeidung durch geschicktes Wählen der Netzstruktur ist daher sinnvoll, da es die Analyse von Netzen vereinfacht und deren Effizienz erhöht. Genau in diesem Zusammenhang ist auch die Überprüfung eines S/T-Systems auf nebenläufige Aktiviertheit von Bedeutung[16]. Ein vollständig nebenläufig aktiviertes S/T-System kann keine Konflikte enthalten, da bei Nebenläufigkeit niemals eine Transition eine andere beeinträchtigt.

3.1.3 Netzklassen

Petri-Netze lassen sich auf verschiedene Art und Weise in Netzklassen einteilen. Zum einen ist eine Unterteilung aufgrund rein graphentheoretischer Bedingungen möglich. Hierbei wird nur die reine statische Struktur des Netzes betrachtet und nicht dessen zeitliches, „markiertes" Verhalten im Rahmen eines S/T-Systems. Zum anderen lassen sich Netze auch aufgrund eben dieses potentiellen Markenspiels im Zeitablauf unterscheiden, z.B. in „tote" oder „lebendige" Netze[17] [vgl. BB96, S. 71]. An dieser Stelle wird lediglich auf eine Unterteilung aufgrund der statischen Struktur eingegangen.

Insgesamt existieren sieben verschiedene Netzklassen: Zyklen, (verallgemeinerte) Zustandsmaschinen, (verallgemeinerte) Synchronisationsgraphen, Kausalnetze, Free-Choice-Netze, Extended-Free-Choice-Netze, Asymmetric-Choice-Netze und Dissymmetric-Choice-Netze. Unter diesen bestehen quasi-hierarchische

---

[16] siehe Kapitel 2.4.3
[17] siehe Ausarbeitung „Dynamische Eigenschaften von S/T-Systemen"

Implikationen, so beinhaltet z.B. ein Zyklus auch alles andere außer einem Kausalnetz und eine (verallgemeinerte) Zustandsmaschine u.a. ein Free-Choice-Netz [vgl. BB96, S. 70-75]. Im Folgenden werden nur (verallgemeinerte) Zustandsmaschinen und (verallgemeinerte) Synchronisationsgraphen kurz beschrieben. Vor allem diese Netzklassen lassen Schlussfolgerungen u.a. auf mögliche Konfliktsituationen zu und demonstrieren so stellvertretend für die restlichen Netzklassen die Bedeutung der Zugehörigkeit eines Netzes zu einer Netzklasse.

Definition 12: Zustandsmaschine:

Ein Netz oder Teilnetz gehört zur Klasse der Zustandsmaschinen, wenn die Mächtigkeit der Vor- und Nachbereiche aller Transitionen 1 beträgt, d.h. keine Transition mehr als eine Stelle im Vor- oder Nachbereich besitzt [vgl. BB96, S. 72-73]. Vor- und Nachbereiche von Stellen dürfen auch größer sein (Abb. 12 unten).

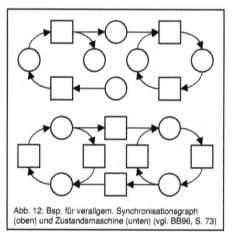

Abb. 12: Bsp. für verallgem. Synchronisationsgraph (oben) und Zustandsmaschine (unten) (vgl. BB96, S. 73)

Sofern es Transitionen gibt, die am absoluten Rand des Graphen liegen und deren Vor- oder Nachbereiche daher leer sind, gehört ein Netz nur noch zur Klasse der verallgemeinerten Zustandsmaschinen [vgl. BB96, S. 72-73]. Da die Definition von Zustandsmaschinen nichts über den Nachbereich von Stellen aussagt, können Konfliktsituationen entstehen, wenn z.B. eine Stelle zwei Transitionen im Nachbereich besitzt. Wird ein S/T-System mit nur einer Marke auf einer

Zustandsmaschine betrieben, ist kein Kontakt möglich, da die Marke im zeitlichen Ablauf nie „verdoppelt" wird und so nie eine Transition den Nachbereich einer anderen besetzen kann [vgl. BB96, S. 102].

Definition 13: Synchronisationsgraph:

Ein Netz ist ein Synchronisationsgraph, wenn alle Stellen des Netzes unverzweigt sind und daher ihre Vor- und Nachbereiche immer die Mächtigkeit 1 haben [vgl. BB96, S. 72-73].

In der verallgemeinerten Version ist auch hier die Mächtigkeit 0 erlaubt und somit eine Stelle am absoluten Rand (Abb. 12 oben). In Synchronisationsgraphen kann eine Transition also verzweigen, d.h. sie kann 2 bis n Marken aus 2 bis n Stellen benötigen, um schalten zu können [vgl. BB96, S. 72-73]. In Synchronisations-graphen ist im Gegensatz zu Zustandsmaschinen eine Nebenläufigkeit schon mit nur einer Anfangsmarke denkbar, da diese im Schaltverlauf „verdoppelt" werden kann. Das Strukturelement der Synchronisation ist im Prinzip ein Beginn von Nebenläufigkeit [vgl. BB90, S. 96; BB96, S. 102]. Synchronisationsgraphen sind „persistent", was bedeutet, dass in ihnen keine Konflikte möglich sind. Zwei Transitionen befüllen hier niemals die selbe Stelle oder benötigen Marken aus der selben Stelle [vgl. BB96, S. 100]. Eine einmal aktivierte Transition bleibt auf jeden Fall aktiviert bis sie schaltet[18].

Gelegentlich kann es nötig sein, zwei optisch verschieden wirkende Netze N1 und N2 daraufhin zu untersuchen, ob sie strukturgleich sind oder nicht. Zunächst müssen die Anzahl der Stellen und Transitionen identisch sein. Für den Strukturvergleich lässt sich dann ein einfacher Algorithmus anwenden. Die Knoten von N1 werden fest benannt und die Knoten von N2 werden in allen möglichen Kombinationen mit den selben Namen belegt. Sind nun die beiden Kantenmengen in mindestens einem Fall identisch, so sind N1 und N2 strukturgleich [vgl. BB96, S. 55-56]. Eine solche Abbildung der Knotenmenge eines Netzes auf die Knotenmenge eines zweiten heißt „Isomorphismus".

---

[18] siehe Ausarbeitung „Dynamische Eigenschaften von S/T-Systemen"

Definition 14: Isomorphismus:

Ein Isomorphismus ist eine Abbildung eines Netzes N1 auf ein zweites N2, bei der für alle Knotenpaare von N1 gilt, dass eine Kante zwischen ihnen immer auch zu einer Kante zwischen dem entsprechenden abgebildeten Knotenpaar in N2 führt [vgl. BB96, S. 57].

Ein Isomorphismus muss stellen- und transitionserhaltend sein, was bedeutet, dass die Knotenmenge im zweiten Netz mindestens so groß sein muss wie die Menge aller abzubildenden Knoten [vgl. BB96, S. 57].

3.2 Statische Transformationen und ihre Bedeutung

Beim Entwurf eines Petri-Netzes steht man häufig vor der Wahl, für welches von mehreren, scheinbar gleich sinnvollen Netz-Alternativen man sich entscheidet. Oft muss eine zunächst richtig wirkende Entscheidung für ein Entwurfsmuster nachträglich revidiert werden, da die Probleme einer Entscheidung ebenso wie beim Entwurf von Software-Systemen erst später sichtbar werden [vgl. BB96, S. 70]. So kommt es vor, dass man ein Netz abstrakter oder detaillierter gestalten muss oder dass wichtige Teilaspekte vergessen wurden oder einige überflüssig sind. In diesem Fall wird man das bestehende, noch unmarkierte Netz einer Transformation unterwerfen, um es den neuen Erkenntnissen anzupassen. Die wichtigsten dieser Transformationen sind die Einbettung, d.h. das Hinzufügen von Netzelementen, die Verfeinerung, die einem Detaillieren von Netzelementen entspricht und die Faltung, ein Aufeinanderlegen von Netzelementen. Analog zu den drei genannten Transformationen ist natürlich auch eine Transformation in der jeweils umgekehrten Richtung möglich, die hier nicht betrachtet wird und für die jeweils das Gegenteil gilt [vgl. BB96, S. 58-59]. Allen erwähnten Netz-Transformationen gemein ist die Eigenschaft, dass keine bestehenden Kanten zerrissen werden [vgl. BB96, S. 69].

Definition 15: Einbettung:

Eine Einbettung ist eine Netz-Transformation, bei der einem Netz Kanten und Knoten hinzugefügt werden, mit denen es um weitere Aspekte oder Teile des modellierten Systems ergänzt wird.

Bei einer Einbettung können diese Aspekte z.B. Umweltfaktoren sein [vgl. BB96, S. 63-64]. Ansätze für eine Einbettung bieten oft Knoten, die am Rand des Netzes liegen und damit keinen Vor- oder Nachbereich haben. Häufig sind diese Knoten noch von weiteren, noch nicht modellierten Bedingungen abhängig. So verschwinden erzeugte Objekte nicht einfach und zu verbrauchende Objekte erscheinen nicht aus dem Nichts. Daher muss man sich bei jedem Randknoten die Frage stellen, ob ein Weglassen der vorausgehenden bzw. nachfolgenden Knoten eine angemessene Modellierung ist [vgl. BB96, S. 64-66]. Mit einer Einbettung ist es häufig möglich, einen Konflikt aufzulösen. In diesem Fall ist die Einbettung so zu wählen, dass für jede konkurrierende Transition eine zusätzliche Bedingung hinzugefügt wird. Wenn alle neuen Bedingungen einander ausschließen, also

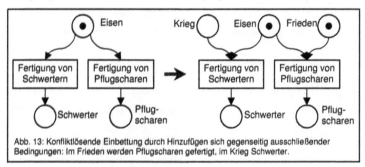

Abb. 13: Konfliktlösende Einbettung durch Hinzufügen sich gegenseitig ausschließender Bedingungen: Im Frieden werden Pflugscharen gefertigt, im Krieg Schwerter.

jeweils nur eine von ihnen erfüllt sein kann, kann kein Konflikt mehr entstehen [vgl. BB96, S. 99-100] (Abb. 13). Für eine größere Realitätsnähe kann man in Abb. 13 „Krieg und Frieden" z.B. durch Aufträge für Produkt A und Aufträge für Produkt B ersetzen. Abb. 13 wäre dann ein Modell für eine auftragsbezogene Fertigung. Ein weiteres Beispiel für eine konfliktvermeidende Einbettung ist die Markenweiche aus Abb. 9.

Bei einer Verfeinerung werden einem Netz ebenfalls neue Knoten und Kanten hinzugefügt. Anders als bei der Einbettung sind dieses keine Elemente, die vorher außerhalb des Netzes lagen, sondern stellen eine Detaillierung und Ersetzung eines bereits vorher existenten Knotens dar.

Definition 16: Verfeinerung:

Eine Verfeinerung eines Netzes ist das Ersetzen eines Knotens durch ein neues Teilnetz, dessen Randknoten nur aus Knoten des ersetzten Typs besteht [vgl. BB96, S. 62].

Durch diese Konkretisierung werden die inneren Mechanismen eines Zustands oder Ereignisses sichtbar. Es können sowohl Transitionen als auch Stellen weiter verfeinert werden, jedoch wird eine korrekte Zuordnung und Unterscheidung von Aktivitäten und Zuständen mit steigendem Detaillierungsgrad schwieriger und willkürlicher [vgl. BB96, S. 62-63]. Häufig ist es sinnvoller, Transitionen zu verfeinern, um z.b. eine Gesamtaktivität in Teilaktivitäten aufzusplitten [vgl. SCH02, S. 56]. Im verfeinerten Netz kann es durchaus eine Nebenläufigkeit geben. Je nach Bedeutung des verfeinerten Knotens kann eine Verfeinerung daher auch mit zwei gleichzeitig markierten Stellen beginnen.

Sowohl Einbettung als auch Verfeinerung sind beim schrittweisen, systematischen Entwurf eines Petri-Netzes von besonderer Bedeutung. Der Grund hierfür ist, dass für den Entwurf häufig ein „top-down"-Vorgehen sinnvoll ist, also eine Modellierung vom Groben hin zum Feinen [vgl. SCH02, S. 56, 87, 103-104]. Dies entspricht genau dem Wesen einer Verfeinerung. Wenn man mit den wichtigsten Netzteilen bereits auf der detailliertesten Ebene beginnt und dann alle fehlenden hinzufügt, kommt es einer Einbettung gleich.

Definition 17: Faltung:

Bei einer Faltung werden gleichartige Teilnetze auf einander gelegt, wobei die auf einander zu legenden Knoten jeweils von Sinn oder Aussage her gleich sein müssen [vgl. BB96, S. 66].

Mit der Faltung lässt sich aus einem unendlichen Netz aus Übersichtlichkeits-gründen ein endliches machen (Abb. 14). Eine Faltung ist z.B. bei einem Prozess oder Ablauf sinnvoll, bei dem gewisse Ereignisse oder Aktivitäten immer wiederkehren und dabei lediglich mit einem Parameter verbunden sind, der einen jeweils anderen Wert annimmt. Ein Beispiel hierfür sind die vier Jahreszeiten, die immer aufeinander folgen, aber jedes Mal mit einem anderen Parameterwert versehen sind: dem aktuellen Jahr. Diese Parameterwerte gehen durch die Faltung verloren, es geschieht also ein Informationsverlust. Bei markierten Netzen ergibt sich die Möglichkeit, dass die Marken selbst die Parameterwerte speichern

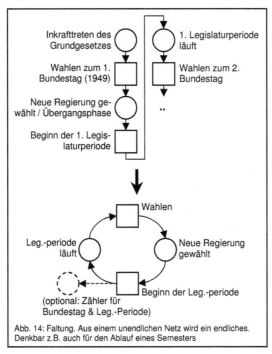

Abb. 14: Faltung. Aus einem unendlichen Netz wird ein endliches.
Denkbar z.B. auch für den Ablauf eines Semesters

könnten. Das ist einer der Grund für die Einführung von Netzen mit individuellen Marken[19]. Während man Faltungen durchführt, wenn man alle Netzstücke gleich behandeln kann und will, ist eine Entfaltung nötig, wenn in einer späteren Entwurfsphase festgestellt wird, dass eine unterschiedliche Behandlung nötig ist [vgl. BB96, S. 66-69].

3.3 Zustandsänderungen und ihre Darstellungsmöglichkeiten

Die zeitliche Zustandsänderung eines realen oder gedachten Systems ergibt sich aus dem wiederholten Schalten von Transitionen und dem daraus resultierenden

---

[19] siehe Ausarbeitung „Petri-Netze mit individuellen Marken"

Markenspiel[20]. Unter der Bedingung der Aktiviertheit ergibt sich nach einem Schaltvorgang für jede Stelle wieder eine gültige Einzelmarkierung mit einer Markenanzahl zwischen 0 und ihrer Kapazität [vgl. BB96, S. 81]. Erwähnenswert ist ein Sonderfall. Wenn eine Ressource im realen System von einer Aktivität nur gebraucht und nicht verbraucht werden soll, modelliert man zwischen der Ressourcen-Stelle und der Transition üblicherweise zwei Kanten: eine eingehende und eine ausgehende. Dieser Fall wird „Schlinge" genannt und stellt das kleinstmögliche zyklische Petri-Netz dar [vgl. BB96, S. 53; SCH02, S. 39]. Enthält ein Netz Schlingen, so ist z.B. die Möglichkeit der Anwendung der Quadrat-schließungseigenschaft zur Überprüfung auf Neben-läufigkeit[21] nicht mehr gegeben [vgl. BB96, S. 96]. In der Schaltdynamik besteht der Vor- und Nachbereich der schaltenden Transition bei einer Schlinge also aus der selben Stelle (Abb. 15). Nach obiger Schaltregel werden dieser Stelle daher sowohl Marken entnommen als auch hinzugefügt. Es zeigt sich, dass je nachdem, für welche Reihenfolge man sich hierbei entscheidet, die Aktivierungs-bedingungen gelockert werden können, ohne dass das Entstehen einer gültigen Gesamtmarkierung gefährdet ist. Wird die Stelle zuerst befüllt, benötigt man entsprechend weniger Marken in der Stelle und wird die Stelle zuerst entleert, darf die Stellen-Kapazität entsprechend niedriger sein [vgl. BB96, S. 82-83].

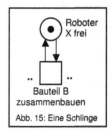

Roboter
X frei

Bauteil B
zusammenbauen

Abb. 15: Eine Schlinge

Mehrere mögliche Schaltungen hintereinander ergeben eine Schaltfolge. Darauf aufbauend lassen sich Erreichbarkeitsmengen definieren:

Definition 18: Erreichbarkeitsmenge:

Die Menge der Markierungen, die man aus einer gegebenen Situation mit allen möglichen Schaltfolgen erreichen kann, heißt „Erreichbarkeits-menge" [vgl. BB96, S. 84].

---

[20] siehe Kapitel 2.4.2
[21] siehe Kapitel 2.4.3

Diese kann tabellarisch bestimmt werden, indem alle Schaltmöglichkeiten systematisch auf ihre Folgemarkierung hin überprüft werden[22]. Für diese werden wiederum alle Schaltmöglichkeiten aufgelistet. Eine Erreichbarkeitsmenge kann auch unendlich groß sein, wenn z.b. bei jeder Schaltung eine Marke zu einer Stelle hinzugefügt wird[23]. Wenn es nur endlich viele Schaltfolgen gibt, so ist auch die Menge der erreichbaren Zustände endlich [vgl. BB96, S. 84-85].

Eine alternative, eindeutige Darstellungsmöglichkeit eines Petri-Netzes inklusive der Kantengewichtungen ist die Schreibweise als Matrix. Die Matrix C in Abb. 16 hat je Stelle im Netz eine Zeile und je Transition eine Spalte. Bei N Stellen und M Transitionen ergibt sich also eine N x M-Matrix. Die Einträge der Matrix sind gleichbedeutend mit den Kanten im Netz. Wenn von einer Stelle n zu einer Transition m eine Kante führt, entspricht der Eintrag C_{nm} in der Matrix dem negativen Wert der Gewichtung dieser Kante. Dies bedeutet, dass die Stelle n genau diese Anzahl Marken verliert, wenn die dazugehörige Transition m schaltet. Analog dazu stehen positive Matrix-Einträge für die Kantengewichtungen von Kanten, die von Transitionen wegführen. Jede Spalte steht somit für die Markenveränderung in den Stellen beim Schalten genau dieser Transition. Auf diese Weise lässt sich die gesamte Netzstruktur in einer Matrix abbilden. Die Matrix wird, wie in anderen Netzen auch, „Inzidenzmatrix" genannt[24] [vgl. BB96, S. 90-91; ROS91, S. 133].

Auch Markierungen, Schaltungen und sich ergebende Zustandsänderungen, also die Elemente, die ein Petri-Netz zu einem S/T-System werden lassen, lassen sich algebraisch darstellen. Der Systemzustand, also die Markierung, lässt sich mit einem Zustandsvektor beschreiben, bei dem jeder Eintrag für die Anzahl der Marken einer Stelle steht [vgl. SCH02, S. 76] (Abb. 16). Zu jeder unterschiedlichen Markierung gehört ein unterschiedlicher Vektor. Die Veränderung dieses Vektors durch Ausführung einer Schaltfolge lässt sich mit Hilfe der Inzidenzmatrix berechnen. Hierfür bildet man einen weiteren Vektor,

---

[22] siehe Anhang A
[23] in diesem Fall ist auch der dazugehörige Erreichbarkeitsgraph unendlich (siehe Kapitel 2.2)
[24] siehe Ausarbeitung „Lineare Analyse und Struktur-Dynamik-Beziehungen bei S/T-Systemen"

den „Häufigkeitsvektor", in dem der i. Eintrag für die Häufigkeit des
Vorkommens einer Transition t_i in einer Schaltfolge steht. Multipliziert man
diesen Vektor mit der Inzidenzmatrix, so ergibt sich ein neuer Vektor, der die
Markenveränderung aller Stellen nach dem Schalten der Schaltfolge wiedergibt.

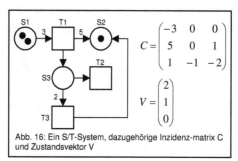

Abb. 16: Ein S/T-System, dazugehörige Inzidenz-matrix C
und Zustandsvektor V

Addiert man diesen zum Zustandsvektor des Ursprungszustandes, so erhält man
den neuen Zustandsvektor [vgl. BB96, S. 91; SCH02, S. 113]. Würde in Abb. 16
Transition T2 zwei Mal schalten (was nicht möglich ist), so müsste man den
Vektor (0 2 0) mit C multiplizieren und das Ergebnis zu V addieren, um den
neuen Zustandsvektor zu erhalten. Ein ausführliches Beispiel zu diesem Vorgehen
findet sich in Anhang B. Mit diesem Instrumentarium ist es möglich, die
Erreichbarkeit von Zuständen zu berechnen, da nun z.B. eine dem Warshall-
Algorithmus zur Berechnung der transitiven Hülle ähnliche Methode anwendbar
wird. Das Durchführen einer größeren Erreichbarkeitsanalyse dürfte hiermit im
Vergleich zu einem Vorgehen per Hand deutlich vereinfacht werden bzw.
überhaupt erst möglich sein[25].

4   Fazit

Durch die für Maßstäbe der Informatik sehr lange Geschichte der Petri-Netz-
Theorie existieren bereits viele Arbeiten über Petri-Netze. In Folge dieser vielen
Standpunkte entwickelten sich verschiedene Petri-Netz-Klassen. Diese Klassen
unterscheiden sich z.B. in der Art und Weise der graphischen Darstellung oder
darin, wie sie den zeitlichen Ablauf modellieren. Für jede spezielle Anwendung
muss daher untersucht werden, welche Petri-Netz-Klasse geeignet ist [vgl.

---

[25] siehe Ausarbeitung „Erreichbarkeitsanalyse für S/T-Systeme"

SCH99, S. 15]. Nicht zuletzt deshalb ist es sinnvoll für die praktische Akzeptanz von Petri-Netzen, Standardisierungen und Normen zu finden und durchzusetzen und Petri-Netze besser in bestehende Instrumentarien zu integrieren.

Erwähnenswert und von Bedeutung für die Zukunft und weitere Verbreitung von Petri-Netzen ist daher auch, dass es Bestrebungen zur Entwicklung eines standardisierten Dateiformates für den Austausch von Petri-Netz-Dateien gibt. Am fortgeschrittensten ist dabei die auf XML basierende „Petri Net Markup Language" (PNML). Noch fehlt es dieser jedoch an einheitlichen Konventionen [vgl. DES02, S. 14-17]. Weiterhin existieren Untersuchungen zur Überführung sowohl von Geschäftsprozessmodellen aus UML-Diagrammen als auch Zustands- und Aktivitätsdiagrammen in Petri-Netze [vgl. DES02, S. 31-33].

Bei Petri-Netzen handelt es sich um eine angemessene oder sogar um die leistungsfähigste Methode, das dynamische Verhalten gedachter oder realer Systeme graphisch zu erfassen. Ihre Vorteile liegen vor allem in der leichten Erlernbarkeit und Anschaulichkeit sowie in der durch ihre Modularität hohen Flexibilität [vgl. SCH02, S. 8; ROS91, S. V]. Ein theoretisches Fundament existiert bereits, S/T-Systeme sind simulierbar und es existieren rechnerbasierte Werkzeuge für Entwurf und Analyse [vgl. BE03, S. 124]. Als negativ für ihre Verbreitung hat sich in der Vergangenheit ein fehlender Fokus auf die potentiellen Anwender durch die oft zu mathematische Darstellung der Theorie herausgestellt [vgl. SCH02, S. 8; ROS91, S. V]. Petri-Netze haben zudem den Nachteil, dass sie bislang noch nicht mit anderen Basiskonzepten kombinierbar sind. Des Weiteren ist es bei praktischen Anwendungen oft nötig, „höhere" Petri-Netze zu erstellen, für die es noch keine einheitliche Notation und effiziente Analyse- und Entwurfsmöglichkeit gibt [vgl. BE03, S. 125]. Zusammenfassend lässt sich sagen, dass Petri-Netze, wenn das Wissen und das Material über sie nicht stärker formalisiert wird als nötig, zukünftig durchaus eine gewichtigere Stellung in der praktischen Anwendung einnehmen können. Genügend Potential dafür bieten sie in jedem Fall.

Anhang A: Exemplarische Erreichbarkeitsanalyse und Erreichbarkeitsgraph

Im Folgenden wird eine kurze, beispielhafte Erreichbarkeitsanalyse für das Netz aus Abb. 16 in etwas anderer Markierung durchgeführt. Es wird die Fragestellung untersucht, welche

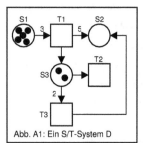

Abb. A1: Ein S/T-System D

Zustände ausgehend vom markierten System D in Abb. A1 erreicht werden können [vgl. BB96, S. 83-89].

Zu diesem Zweck wird zunächst sukzessive eine tabellarische Erreichbarkeitsanalyse durchgeführt. Die Ausgangs-markierung bzw. der Ausgangszustand sei hierbei mit M_0 bezeichnet. Exemplarisch wird die Zeile „M_1" befüllt, indem für jede Stelle die Markenveränderung bei einem Schalten

von T1 berechnet wird. Analog werden alle weiteren Zeilen berechnet, wobei für jede Markierung wieder alle möglichen Schaltungen aufgelistet werden. Als Hilfsmittel hierzu wird die Inzidenzmatrix C zum S/T-System D gebildet [vgl. BB96, S. 90]:

$$C = \begin{pmatrix} -3 & 0 & 0 \\ 5 & 0 & 1 \\ 1 & -1 & -2 \end{pmatrix}.$$

Es ergibt sich die neben stehende Erreichbarkeitstabelle (Abb. A2). Aus dieser ist ablesbar, dass es nur endlich viele Schaltfolgen gibt und die Erreichbarkeitsmenge endlich ist. Die Zustände M_8 und M_9 werden immer erreicht und aus diesen Zuständen kann nicht weiter geschaltet werden.

Nr.	S1	S2	S3	Schaltungen
M_0	5	0	2	$T_1 \rightarrow M_1$
				$T_2 \rightarrow M_2$
				$T_3 \rightarrow M_3$
M_1	2	5	3	$T_2 \rightarrow M_4$
				$T_3 \rightarrow M_5$
M_2	5	0	1	$T_1 \rightarrow M_4$
				$T_2 \rightarrow M_6$
M_3	5	1	0	$T_1 \rightarrow M_5$
M_4	2	5	2	$T_2 \rightarrow M_7$
				$T_3 \rightarrow M_8$
M_5	2	6	1	$T_2 \rightarrow M_8$
M_6	5	0	0	$T_1 \rightarrow M_7$
M_7	2	5	1	$T_2 \rightarrow M_9$
M_8	2	6	0	
M_9	2	5	0	

Abb. A2: Erreichbarkeitstabelle zu D

Daher lässt sich auch ein endlicher Erreichbarkeitsgraph (Abb. A3) bilden. Mit diesem ist die Erreichbarkeitsanalyse beendet.

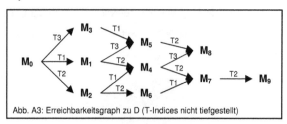

Abb. A3: Erreichbarkeitsgraph zu D (T-Indices nicht tiefgestellt)

Anhang B: Beispiel für algebraische Bestimmung von Zustandsänderungen

Basierend auf dem S/T-System D (Abb. A1) wird anhand von zwei der möglichen Schaltfolgen gezeigt, wie man die daraus resultierenden Zustandsänderungen in Vektor- und Matrizenschreibweise repräsentieren kann. Die beiden Schaltfolgen, w_1 und w_2 genannt, lauten: $w_1 = (T_3, T_1, T_2)$ und $w_2 = (T_1, T_2, T_2, T_2)$. Unter Berücksichtigung der Start- und Zielmarkierungen lassen sich diese Schaltfolgen alternativ auch in folgender Form formal darstellen [vgl. BB96, S. 84]:

$$w_1 = M_0[t_3\, t_1\, t_2\rangle\, M_8 \qquad \text{bzw.} \qquad w_2 = M_0[t_1\, t_2\, t_2\, t_2\rangle\, M_9$$

Im ersten Schritt wird die Inzidenzmatrix C für das System gebildet, die sich im Anhang A findet. Da sowohl w_1 als auch w_2 von der Markierung M_0, dem Startzustand, ausgehen, wird der Zustandsvektor V des Systems für diese Markierung gebildet. Zu diesem Zweck schreibt man die Anzahl der Marken in der i-ten Stelle des Systems an die i-te Position im Vektor:

$$M_0 = V = \begin{pmatrix} 5 \\ 0 \\ 2 \end{pmatrix}$$

Anschließend werden die Häufigkeits-Vektoren H_1 und H_2, auch Parikh-Vektoren genannt, angegeben, in denen jeweils an der i-ten Position die Häufigkeit des Vorkommens der Transition T_i in w_1 bzw. w_2 steht [vgl. BB96, S. 91]:

$$H_1 = \begin{pmatrix} 1 \\ 1 \\ 1 \end{pmatrix} \qquad \text{bzw.} \qquad H_2 = \begin{pmatrix} 1 \\ 3 \\ 0 \end{pmatrix}$$

Die Häufigkeitsvektoren werden mit der Inzidenzmatrix multipliziert, um den Vektor der Veränderung der Markierung M_0 bei der Schaltung von w_1 bzw. w_2, genannt ΔW_1 und ΔW_2 zu erhalten:

$$\Delta W_1 = C * H_1 = \begin{pmatrix} -3 & 0 & 0 \\ 5 & 0 & 1 \\ 1 & -1 & -2 \end{pmatrix} * \begin{pmatrix} 1 \\ 1 \\ 1 \end{pmatrix} = \begin{pmatrix} -3 \\ 6 \\ -2 \end{pmatrix} \qquad \text{bzw.}$$

$$\Delta W_2 = C * H_2 = \begin{pmatrix} -3 & 0 & 0 \\ 5 & 0 & 1 \\ 1 & -1 & -2 \end{pmatrix} * \begin{pmatrix} 1 \\ 3 \\ 0 \end{pmatrix} = \begin{pmatrix} -3 \\ 5 \\ -2 \end{pmatrix}$$

Der neue Zustand nach der jeweiligen Schaltfolge, also die Markierungen M_8 und M_9, ergeben sich durch Addition des Vektors des Ausgangszustandes mit den jeweiligen Veränderungsvektoren:

$$M_8 = V + \Delta W_1 = \begin{pmatrix} 5 \\ 0 \\ 2 \end{pmatrix} + \begin{pmatrix} -3 \\ 6 \\ -2 \end{pmatrix} = \begin{pmatrix} 5 \\ 6 \\ 0 \end{pmatrix} \quad \text{bzw.}$$

$$M_9 = V + \Delta W_2 = \begin{pmatrix} 5 \\ 0 \\ 2 \end{pmatrix} + \begin{pmatrix} -3 \\ 5 \\ -2 \end{pmatrix} = \begin{pmatrix} 2 \\ 5 \\ 0 \end{pmatrix}$$

Diese Vektoren stimmen mit den Ergebnissen der Erreichbarkeitstabelle in Abb. A2 überein. Analoge Rechnungen lassen sich für alle aktivierten Schaltfolgen und Markierungen durchführen. Die möglichen Systemzustände werden so berechenbar und lassen sich darauf aufbauend weiter analysieren.

Literaturverzeichnis

[BB90]   Baumgarten, Bernd: *Petri-Netze – Grundlagen und Anwendungen*, 1. Auflage, BI
          Wissenschaftsverlag, 1990.

[BB96]   Baumgarten, Bernd: *Petri-Netze – Grundlagen und Anwendungen*, 2. Auflage,
          Spektrum Akademischer Verlag, 1996.

[BE03]   Becker, Ludger: *Vorlesung Software-Engineering I – Basistechniken (WS03/04)*,
          Westfälische Wilhelms-Universität Münster, 2003.

[DES98]   Desel, Jörg: *Petrinetze, lineare Algebra und lineare Programmierung (Teubner-
          Texte zur Informatik, Band 26)*, 1. Auflage, B.G. Teubner Verlagsgesellschaft,
          1998.

[DES02]   Desel, Jörg; Weske, Mathias (Hrsg.): *Prozessorientierte Methoden und
          Werkzeuge für die Entwicklung von Informationssystemen – Promise 2002*,
          Lecture Notes in Informatics (LNI), Series of the Gesellschaft für Informatik (GI),
          Volume P-21, 1. Auflage, Köllen Verlag, 2002.

[PRI03]   Priese, Lutz; Wimmel, Harro: *Theoretische Informatik – Petri-Netze*, 1. Auflage,
          Springer-Verlag, 2003.

[ROS91]   Rosenstengel, Bernd, Udo Winand: *Petri-Netze – Eine anwendungsorientierte
          Einführung*, 4. Auflage, Vieweg-Verlag, 1991.

[SCH99]   Schneeweiss, Winfrid G.: *Petri Nets for Reliability Modeling (in the Fields of
          Engineering Safety and Dependability)*, 1. Auflage, LiLoLe-Verlag, 1999.

[SCH02]   Schneeweiss, Winfrid G.: Petri-Netz-Bilder-Buch (Eine elementare Einführung in
          die beste bildliche Darstellung zeitlicher Veränderungen), 1. Auflage, LiLoLe-
          Verlag, 2002